Claudia Haas · Sigrid Schießer · Astrid Wahrenberg

Das Wasserbuch

Wissen und Spaß für kleine Wasserforscher

Mit Bildern von Annette Fienieg

Patmos

Die **Autorinnen** dieses Buches leben mit ihren Familien auf dem Land in alten Fachwerkhöfen. Sigrid Schießer und Claudia Haas arbeiten als Grundschullehrerinnen täglich mit Kindern zusammen. Astrid Wahrenberg ist Journalistin. Allen gemeinsam ist das Interesse an Kindern und der Natur.

Annette Fienieg lebt in Utrecht in den Niederlanden. Sie arbeitet als freie Illustratorin für verschiedene Verlage.

Für unsere Kinder: Rahel, Annika, Marek, Vincent, Julian, Julius, Philipp, Johann, Angelika, Sarah

Claudia Haas/Sigrid Schießer/Astrid Wahrenberg (Text)
Annette Fienieg (Illustrationen)
Das Wasserbuch
Wissen und Spaß für kleine Wasserforscher

Bibliografische Information der Deutschen Bibliothek
Die Deutsche Bibliothek verzeichnet diese Publikation in der Deutschen Nationalbibliografie; detaillierte bibliografische Daten sind im Internet über http://dnb.ddb.de abrufbar.

Umschlaggestaltung Heike Ossenkop pinxit, CH-Basel
unter Verwendung einer Illustration von Annette Fienieg
Druck und Bindung: Theiss, A-St. Stefan im Lavanttal
ISBN 3-491-42024-5
www.patmos.de

Inhalt

Zauberkreis Wasser

Unsere Erde wird der blaue Planet genannt, weil sie zum größten Teil mit Wasser bedeckt ist. Die Wassermenge wird nie mehr oder weniger. Die größten Wassermassen bleiben immer da, wo sie sind, zum Beispiel in den Tiefen der Ozeane oder am Nord- und Südpol.
Nur ein ganz kleiner Teil dieser riesigen Wassermenge wandert in einem ständigen Kreislauf über die Erde.

Wenn du dir vorstellst, dass das gesamte Wasser der Erde in einen 10-Liter-Eimer passt, dann wäre nur ein Eierbecher davon an unserem Wasserkreislauf beteiligt.

Auf den folgenden Bildern siehst du Ausschnitte aus dem Wasserkreislauf der vorherigen Seite. Lies den Text dazu und suche sie auf dem großen Bild. Dabei entdeckst du Buchstaben, die richtig zusammengesetzt ein Lösungswort ergeben.

Bäche und Flüsse münden ins Meer. Wenn die Sonne darauf scheint, verdunsten die Wasserteilchen und steigen zum Himmel auf. Jetzt sind sie gasförmig und nicht zu sehen.

In großer Höhe kühlen sich die Wasserteilchen ab und werden wieder zu Wassertropfen. Sie drängen sich zu dicken Wolken zusammen. Der Wind treibt sie über das Land. Irgendwann werden die Wolken zu schwer und es beginnt zu regnen.

An sehr heißen Sommertagen verdunsten die Wasserteilchen rasend schnell. Wie eine Rakete schießen sie hoch in den Himmel. Dort treffen sie auf Temperaturen von unter Null Grad. Sie erstarren zu Eiskörnern, die so groß wie Tischtennisbälle werden können. Als Hagel fallen sie auf die Erde zurück.

In sehr großer Höhe beginnen die Wassertropfen zu frieren und fallen als Schnee auf die Erde.

Ein anderer Teil des Regenwassers versickert im Boden, bis es auf eine wasserundurchlässige Schicht trifft. Dort sammelt es sich. Man nennt dieses Wasser Grundwasser. Das Grundwasser sucht sich als Quelle eines Baches wieder einen Weg nach draußen.

Nach dem Regen verdunstet ein Teil des Regenwassers wieder und steigt in den Himmel auf.

Zusammen mit Regenwasser und anderen Bächen wird aus einem kleinen Bach am Ende ein großer Fluss. Er mündet nach langem Weg ins Meer.

Lösungswort: — — — — — — —

NORDPOL

Mach mit: Mini-Garten im Gurkenglas

So wie der große Wasserkreislauf auf der Erde funktioniert auch ein kleiner, den du selbst bauen kannst. Darin siehst du, wie Wasser verdunstet, sich wieder sammelt, nach unten tropft und in der Erde versickert.

Du brauchst:
- ein großes Gurkenglas mit Deckel   • Blumenerde
- Kleine Ableger von Zimmerpflanzen oder kleine Pflänzchen aus dem Wald,
  von der Wiese oder aus dem Blumengeschäft   • Kleine Steinchen, Hölzer zur Dekoration
- ein bis zwei Hände voll Kieselsteine

Fülle zuerst die Kieselsteine in das saubere Gurkenglas, bis der Boden bedeckt ist. Schütte etwa fünf Zentimeter hoch Blumenerde über den Kies. Bohre mit dem Finger Löcher in die Erde, setze die Pflänzchen hinein und drücke sie etwas fest. Gieße deine Pflänzchen ganz vorsichtig an. Es darf nur wenig Wasser am Glasboden zu sehen sein, sonst verfaulen deine Pflanzen später!

Jetzt kannst du deine Landschaft mit kleinen Steinen und Stöckchen dekorieren. Schraube den Deckel auf das Glas und stelle es an einen hellen Platz, aber nicht direkt in die Sonne. Gießen brauchst du deinen Garten jetzt nicht mehr, denn das Wasser im Glas verdunstet und läuft am Deckel oder an den Glaswänden wieder herunter – es »regnet«.

Ab und zu solltest du dein Gewächshaus kurz lüften.

Vom Sinken & Schwimmen

Annika und Julian beugen sich über das Waschbecken.

»Gib sofort die Seife her«, schreit Annika.

»Mama, die lässt mich nicht die Hände waschen!«, ruft Julian.

Zu spät: Alles, was eben noch auf dem Waschbecken stand, ist reingefallen. Die Kinder schauen sich verblüfft an.

»Guck mal, meine Zahnbürste kann schwimmen«, sagt Annika.

»Und dafür kann meine Zahnspange tauchen!«, freut sich Julian.

Warum eigentlich?

Die beiden fangen an auszuprobieren. Sie werfen verschiedene Sachen ins Waschbecken. Einige Sachen gehen unter, andere schwimmen.

Rate!

Welche Gegenstände schwimmen, welche tauchen unter?

Seife

Holzkamm

Plastik-Seifenschale

Haargummis

Wattestäbchen

KORK

STEIN

Schon gewusst?
Wasser besteht aus vielen kleinen Teilchen. Sie sind viel kleiner als ein Wassertropfen. Sie können leichte Sachen, zum Beispiel Gegenstände aus Kork, Holz oder Styropor tragen. Sind die Dinge so schwer, dass die Wasserteilchen sie nicht mehr tragen können, sinken die Gegenstände.

Zahnputzbecher

Nagelschere

Badeente

Waschlappen

Lösung:
Es schwimmen: Holzkamm, Wattestäbchen, Badeente, Plastikseifenschale, Seife, Zahnputzbecher, Waschlappen, Haargummis und Nagelschere.
Es sinken: Seife, Zahnputzbecher, Waschlappen und Nagelschere.

10 Wie du weißt, gibt es riesige Schiffe, die Menschen oder schwere Dinge transportieren. Sie werden aus großen Eisenteilen gebaut. Trotz ihrer Größe und ihres Gewichtes schwimmen sie auf dem Wasser. Weißt du warum? Mit einem Versuch findest du es heraus.

Versuch: Warum schwimmen Schiffe?

Schneide aus Alufolie zwei gleich große Stücke von der Größe eines Papierblattes zurecht. Ein Stück faltest du immer wieder zusammen, bis ein winziges Quadrat entsteht.

Streiche es auf dem Tisch immer wieder glatt, es darf keine Luft mehr dazwischen sein! Setze es aufs Wasser – es sinkt.

Nimm das andere Stück Folie, baue daraus eine breite Schale und setze sie vorsichtig aufs Wasser. Was passiert?

Schon gewusst?

Quadrat und Schale sind gleich schwer. Die Schale schwimmt, das Quadrat sinkt. Dafür gibt es mehrere Gründe:

• Unter der größeren Fläche der Schale befinden sich mehr Wasserteilchen als unter dem Quadrat. Das Gewicht kann sich also bei der Schale auf mehr Wasserteilchen verteilen. Die wenigen Wasserteilchen unter dem Quadrat sind zu schwach es zu tragen.

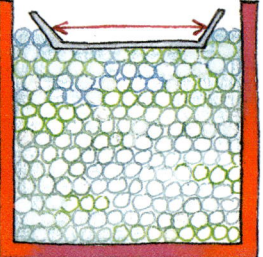

• Die Schale drückt viele Wasserteilchen nach unten weg. Diese wollen aber nach oben zur Wasseroberfläche zurück und drücken die Schale nach oben. Das nennt man Auftrieb.

• Durch die Form der Schale ist ein Hohlraum entstanden, der mit Luft gefüllt ist. Gemeinsam sind die Alufolie der Schale und die Luft darin leichter als das Wasser, das sie verdrängen: Die Schale schwimmt.

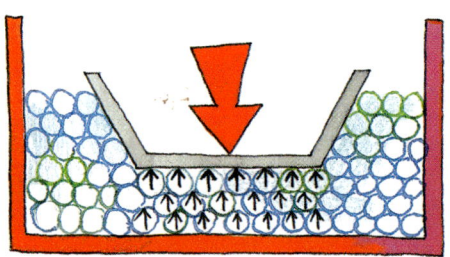

Genauso ist es auch bei großen Schiffen. Trotz ihres Gewichtes, das sich aber über eine riesige Fläche verteilt, werden sie vom Wasser getragen. Würde man ein großes Eisenschiff zu einer Kugel zusammenpressen, ginge es unter.

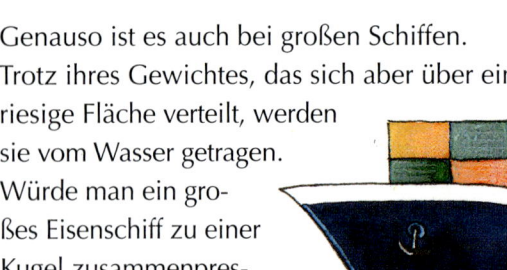

Mach mit:
Bootswettbewerb

Faltet aus gleich großen Stücken Alufolie Schiffe. Jetzt belädt jeder sein Schiff ganz vorsichtig mit Cents.
Welches Schiff kann die meisten Cents tragen ohne zu sinken?

Mach mit: Zaubertrick
Du brauchst:

- einen mit Wasser gefüllten Suppenteller   • eine Heftzwecke   • eine Flasche Spülmittel

Diesen Trick kannst du deinen Freunden vorführen, wenn du ihn gut geübt hast. Nimm die Heftzwecke und lege sie vorsichtig auf das Wasser.

Die Heftzwecke schwimmt. Tupfe mit deinem Finger heimlich auf die Spüli-Flasche.

Dann sagst du einen Zauberspruch und legst deinen Finger vorsichtig aufs Wasser ohne die Heftzwecke zu berühren. Die Heftzwecke sinkt.

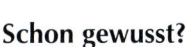

Schon gewusst?

Wasserteilchen ziehen sich gegenseitig an wie Magneten. Deshalb tauchen sehr leichte Gegenstände gar nicht richtig ins Wasser ein, sondern liegen auf der Wasseroberfläche. Man nennt dies die Oberflächenspannung. Wenn man Spülmittel oder Seife dazugibt, können sich die Wasserteilchen nicht mehr aneinander festhalten und die Gegenstände, zum Beispiel die Heftzwecke im Zaubertrick, sinken zu Boden.
In der Natur gibt es Tiere, die diese Oberflächenspannung nutzen: Der kleine und der große Wasserläufer zum Beispiel.
Mit ihren haarigen Füßen lauten sie auf der Wasseroberfläche herum und jagen ihre Beute.

14 Von Schmutzfressern und Wasserforschern

In unserem Land verbraucht jeder bis zu 150 Liter Wasser am Tag. Davon werden nur etwa drei Liter getrunken. Der Rest ist Wasser zum Wäsche waschen, Geschirr spülen, Kochen, Duschen, Baden, Blumen gießen oder für die Toilette. Hast du schon einmal darüber nachgedacht, was mit diesem verschmutzten Wasser passiert? Es muss wieder gereinigt werden, damit die Umwelt nicht belastet wird und die Menschen es auch wieder benutzen können, ohne davon krank zu werden.

Auf den folgenden Bildern siehst du noch einmal in Ausschnitten, wie Wasser in einer Kläranlage gereinigt werden kann. Lies den Text dazu und suche die Bildausschnitte auf dem großen Bild der vorherigen Seite. Dann entdeckst du wieder Buchstaben, die richtig zusammengesetzt ein neues Lösungswort ergeben.

In dicken Rohren fließt das Abwasser einer ganzen Stadt oder vieler Dörfer zur Kläranlage.

In einem großen Rechen bleiben größere Reste wie Wattestäbchen oder Essensreste hängen.

Im Sandfang-Becken wird Luft ins Wasser geblasen und der grobe Schmutz setzt sich ab. Dieser Schmutz kommt später auf die Mülldeponie.

Im Vorklärbecken ruht das Wasser einige Stunden. Feiner Schmutz setzt sich als Schlamm am Beckenboden ab.

Diesen Klärschlamm bringen viele Bauern später als Dünger auf die Felder. Die Bio-Bauern benutzen keinen Klärschlamm, weil noch schädliche Reste aus dem Abwasser darin enthalten sein können.

Das Wasser fließt anschließend weiter zu einem Belebungsbecken. Dort wird es mit Bakterien vermischt. Diese Kleinstlebewesen fressen bestimmte Schmutzteilchen, die noch übrig geblieben sind.

Jetzt wird das Wasser ins Nachklärbecken gepumpt und ruht dort für ein bis zwei Stunden.
Die Bakterien setzen sich am Boden ab, das Wasser ist nun ganz klar. So fließt es in den nächsten Fluss ab.

In größeren Städten kann das Wasser zusätzlich mit Chemikalien zu Trinkwasser aufbereitet werden.

Lösung: — — — — — —

Die Lösung lautet ABWASSER

16 In der Kläranlage wird das Wasser durch Filtern und Sinken gereinigt. Aber auch in der Natur reinigt sich Wasser, wenn es durch Erd- und Gesteinsschichten nach unten sickert. Als Quell- oder Grundwasser wird es später wieder von Menschen genutzt.

Manche Stoffe können sich im Wasser auflösen, sodass sie unsichtbar werden, wie zum Beispiel der Zucker. Aber auch gefährliche Chemikalien können im Wasser enthalten sein, obwohl es klar und sauber aussieht. Nicht immer kann eine Kläranlage diese Stoffe herausfiltern. Rückstände, beispielsweise aus Medikamenten, sind auch noch im Wasser, wenn es wieder aus der Kläranlage herausfließt. Bau doch mal deine eigene Mini-Kläranlage und beobachte, wie sich das Wasser damit reinigen lässt!

Mach mit: Mini-Kläranlage 1
Du brauchst:
- Fünf Marmeladengläser mit Deckel
- Jeweils zwei Esslöffel Schlamm, Salatöl, Wasserfarbe, Zucker, Mehl

Fülle jedes Glas zur Hälfte mit Wasser und rühre eine der Zutaten gründlich hinein. Deckel drauf und gut schütteln. Wie sieht das Wasser jetzt aus?

Lass die Gläser eine halbe Stunde stehen ohne sie zu bewegen. Was ist passiert?

Schon gewusst?
Zucker löst sich auf. Mehl setzt sich am Boden ab. Beim Schlamm sinken die schweren Teile zu Boden, die leichten schwimmen oben. Salatöl ist leichter als Wasser, es schwimmt oben. Bei Wasserfarben wird das Wasser nicht mehr klar.

Mach mit: Mini-Kläranlage 2

Du brauchst:

• eine große Plastikflasche mit Schraubdeckel   • eine Schere   • eine Tasse Sand   • eine Tasse Kiesel-steine   • eine Hand voll Watte   • ein Marmeladenglas mit selbst angerührtem Schmutzwasser (z. B. Erde, Sand, Sägespäne …)

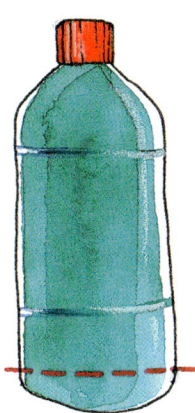

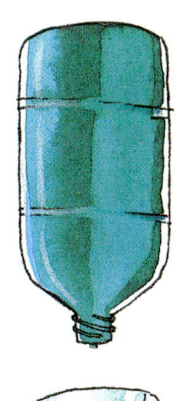

Lass dir von einem Erwachsenen helfen den Boden der Flasche abzuschneiden (z. B. mit einer Laubsäge).

Schraube den Deckel der Flasche zu und stelle sie auf den Kopf. Fülle erst Watte, dann Sand, dann Kies in die Flasche.

Was passiert, wenn du Schmutzwasser in die Flasche gießt?

Schraube den Deckel ab und lasse das Wasser in ein Glas laufen. Wie sieht das Wasser jetzt aus?

Mach mit: Glitzer-Schüttelglas

Du brauchst:

• ein Glas mit Schraubdeckel   • ein oder zwei kleine Figuren
• wasserfesten Klebstoff   • Glitzerpünktchen aus dem Schreibwarengeschäft

Bestreiche den Deckelrand innen dick mit Kleber und schraube das Glas zu. Lass den Kleber trocknen. Fertig!

Klebe die Figur innen auf den Deckel.

Fülle Wasser und Glitzerpünktchen ins Glas.

Wasser ist nicht immer flüssig: Eis und Wasserdampf

Wasser gibt es in drei verschiedenen Erscheinungsformen: Fest, flüssig und gasförmig. Das Fachwort dafür ist Aggregatzustand. Unter null Grad Celsius ist das Wasser fest – die Wassertropfen gefrieren zu Eiskristallen. Von null bis hundert Grad ist es flüssig. Ab hundert Grad ist es gasförmig – es wird zu Wasserdampf.

0° C   100° C

Anders Celsius, ein schwedischer Sternenforscher (1701 bis 1744), erfand mit Hilfe der verschiedenen Zustände von Wasser die Temperaturskala. Er legte zwei Punkte auf einer Tabelle fest: Den Siedepunkt bei 0 Grad (hier beginnt das Wasser zu kochen) und den Schmelzpunkt bei 100 Grad (hier beginnt Eis zu schmelzen). Diese Einteilung drehte sein Kollege Linné später genau um. Und so kennen wir sie heute: Bei 0 Grad Celsius liegt der Schmelzpunkt, bei 100 Grad Celsius der Siedepunkt.

Versuch: Eis-Sprengkraft

Gefrorenes Wasser braucht mehr Platz als flüssiges. Das kannst du ganz einfach ausprobieren: Nimm ein leeres Plastik-Filmdöschen. Fülle es bis zum Rand mit Wasser. Dann drücke vorsichtig den Deckel drauf. Stelle es aufrecht in den Gefrierschrank. Einen Tag später kannst du nachschauen, was passiert ist.

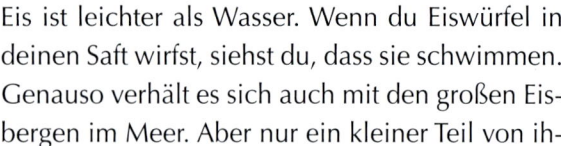

Eis ist leichter als Wasser. Wenn du Eiswürfel in deinen Saft wirfst, siehst du, dass sie schwimmen. Genauso verhält es sich auch mit den großen Eisbergen im Meer. Aber nur ein kleiner Teil von ihnen ist über Wasser zu sehen. Deshalb sind sie eine große Gefahr für die Schifffahrt. Auch das Riesenschiff Titanic ist gesunken, weil es einen Eisberg gerammt hat.

Versuch: Eisberg im Eimer

Du brauchst:

• einen Luftballon   • Wasser   • einen Eimer   • einen Zollstock   • eine Plastiktüte   • eine Schere

Fülle den Luftballon am Wasserhahn mit Wasser und knote ihn zu. Auf den Boden des Gefrierschranks legst du nun eine Plastiktüte und darauf vorsichtig den Wasserballon. Einen Tag später ist dein Eisberg fertig.

Fülle einen Eimer zur Hälfte mit Wasser. Schneide mit der Schere die Hülle des Eisballons auf. Miss mit dem Zollstock, wie hoch er ist. Jetzt kann dein Eisberg im Eimer schwimmen. Nimm noch einmal den Zollstock und halte ihn an die Wasseroberfläche. Wie viele Zentimeter deines Eisberges sind noch über Wasser zu sehen?

Mit Volldampf voraus

Dass Wasserdampf ungeheure Kräfte haben kann, entdeckten Wissenschaftler schon im 17. Jahrhundert. Immer wieder wurden Experimente gemacht um diese Kraft für die Menschen zu nutzen. 1769 wurde die erste Dampfmaschine erfunden. Damit begann ein neues Zeitalter: Maschinen übernahmen jetzt die harte körperliche Arbeit von Mensch und Tier. Mit Dampflokomotiven und Dampfschiffen ging alles viel schneller und einfacher. Noch heute werden die riesigen Turbinen der Kraftwerke mit Wasserdampf bewegt.

Mach mit: Eier-Dampfer
Du brauchst:

- ein Ei • Nadel • Klebeband
- Schüssel mit Wasser • Styropor
- Schere • Streichhölzer • ein Teelicht • Büroklammern

1. Mache mit der Nadel je ein Loch oben und unten in das Ei.
2. Blase das Ei aus.

3. Fülle etwas Wasser in das Ei und klebe ein Loch zu.
4. Schneide den Dampferboden aus Styropor aus. Biege vier Büroklammern als Halterung zurecht und stecke sie in den Boden.

5. Stelle das Teelicht dazwischen und lege das Ei über das Teelicht.
6. Setze den Dampfer aufs Wasser und zünde das Teelicht an. Los geht's!

Es krabbelt und schwimmt

Julian und Annika machen mit ihren Eltern einen Ausflug an den Bach. Sie haben ihr Aquariennetz mitgebracht. Jetzt stehen sie mit Gummistiefeln am schlammigen Ufer und fahren vorsichtig mit dem Netz am Grund des Baches entlang.

»Da ist etwas ganz Schweres drin«, schreit Annika aufgeregt.

»Warte, ich hole meine Frisbee-Scheibe, da können wir es reinsetzen«, ruft Julian zurück.

Behutsam kippen die beiden den Inhalt des Netzes in die Scheibe. Ein dicker Frosch guckt sie an. Mit einem Satz verschwindet er im hohen Gras. »Hier in der Schale wimmelt es überall!«, staunt Annika.

In Bächen, Flüssen und Seen leben viele kleine Tiere, die sich in Schlamm und Pflanzengewirr, unter Steinen und Wurzeln verstecken. Das kannst du selbst entdecken, wenn du zum Beispiel mit einem alten Küchensieb am Boden des Baches fischst. Dabei musst du aber sehr vorsichtig sein und alle Tiere nach spätestens zehn Minuten wieder genau an die gleiche Stelle zurücksetzen. Die gefangenen Tiere kannst du gut in einem Marmeladenglas betrachten.

Du kannst dein Glas auch als Unterwasser-Fernrohr benutzen. Schraube den Deckel ab, drücke das Glas etwas unter Wasser und schaue von oben hinein.

Diese Tiere und Pflanzen leben im Bach:

Pfennigkraut

Hahnenfuß

Wasserspitzmaus

Frosch

Wasserkäfer

Köcherfliegenlarve

Rattenschwanzlarve

Rollegel

Wasserassel

Erbsenmuschel

Wasserspinne

Napfschnecke

Wasserfloh

Molch

Libelle

Wasserschwertlilie

Laichkraut

Bisamratte

Wasserstern

Zuckmückenlarve

Strudelwurm

Kaulquappe

Stichling

Schlammröhrenwurm

Eintagsfliegenlarve

Libellenlarve

Spezialisten im Bach

Tiere, die im Bach leben, brauchen fließendes Wasser. Um aber von der Strömung nicht fortgetragen zu werden, haben sie verschiedene Techniken entwickelt. Köcherfliegenpuppen kleben ihre Häuser an die Steine. Wie ein Zelt verankert die Köcherfliegenlarve ihre Pflanzenwohnung am Bachboden. Flache Bachbewohner wie Strudelwürmer kriechen über die Steine, Egel halten sich mit Saugnäpfen fest. Meisterschwimmer sind die Bachflohkrebse: Sie können sogar gegen die Strömung anschwimmen.

Manche Tiere können nur in sehr sauberem Bachwasser leben, weil sie in besonderem Maße auf Sauerstoff angewiesen sind, von dem es nur dort genug für sie gibt.

Andere Tiere sind auch noch mit ziemlich verschmutztem Wasser und weniger Sauerstoff zufrieden.

Mach mit: Bachwasser-Erforschung

Du kannst den Bach erforschen und feststellen, wie sauber das Wasser ist. Nimm dieses Wasserbuch und einen Notizblock mit und vergleiche deine gefangenen Wassertiere mit denen, die du auf den Bildern findest. Schreibe sie auf. Wovon hast du die meisten gefunden – und welche Tiere kommen gar nicht vor? So kannst du herausfinden, wie sauber das Wasser ist.

Wenn du nur diese Tiere findest, ist der Bach stark verschmutzt :
• Rote Zuckmückenlarve   • Rattenschwanzlarve   • Schlammröhrenwürmer

Diese Tiere mögen es nicht ganz so schmutzig:
• Wasserflöhe   • Wasserasseln   • Rollegel

In ziemlich sauberem Wasser finden sich:
• Strudelwürmer   • Köcherfliegenlarven   • Eintagsfliegenlarven   • Bachflohkrebse

In ganz besonders klarem, sauberen Wasser leben:
• Steinfliegenlarven   • Napfschnecken

stark verschmutzt

nicht ganz so schmutzig

Mach mit: Züchtung von Salinenkrebsen
Du brauchst:
- eine kleine Packung (15 ml) Salinenkrebseier aus dem Zoo- oder Aquariengeschäft
- eine leere Wasserflasche (klares Glas) • Kochsalz ohne Jod
- außerdem Wasser aus dem Bach oder Regenwasser

Diese kleinen Urzeitkrebse kannst du selbst züchten. Fülle die Flasche mit dem Wasser. Auf einen Liter Wasser gibst du 32 g Salz dazu. Bei 0,75 Liter brauchst du nur 24 g. Schütte einen halben Teelöffel von den Krebseiern hinein. Nach zwei bis vier Tagen beginnen deine Tierchen zu schlüpfen. Am Anfang sind sie noch sehr winzig, aber du kannst sie gut mit dem Auge erkennen. Passendes Futter gibt es für sie im Aquariengeschäft zu kaufen.

Die Krebse werden normalerweise als Fischfutter für Süß- und Salzwasserfische gezüchtet. Wenn du sie nicht mehr halten möchtest, gibst du sie am besten einem Aquarienbesitzer.

ziemlich sauber

besonders klar und sauber

24 Wasserspar-Detektive

Wasser ist das wichtigste Nahrungsmittel des Menschen. Trotzdem verschwenden und verschmutzen viele Leute kostbares Wasser ohne darüber nachzudenken. Auf dieser Seite finden pfiffige Wasser-Spar-Detektive zehn verschiedene Situationen, in denen Wasser unnötig verschmutzt und verbraucht wird. Entdeckst du sie?

Ob du auf der richtigen Fährte bist, weißt du, wenn du dieses Rätsel lösen kannst.

Was gibt es, wenn das Wasser
zu lange aus dem Hahn läuft?
- Überschwemmung
- Überraschung
- Wasserratte

— — — — S C H — — — — U — —
                                    1

Bei zu viel Spüli im Spülwasser
gibt es ein …
- Wasserbad
- Schaumbad
- Dampfbad

S C H — — — — A —
          2

Scherzfrage: Ist der Maler ein …
- Buchfink?
- Schmutzfink?
- Klapperstorch?

S C H — — — Z — I — K
            3

Autowaschen darf
man nur in der …
- Telefonzelle
- Badewanne
- Waschanlage

W A — — — — — L — — —
                      4

Den Badesee so zu nutzen ist …
- verboten
- rutschig
- gruselig

V — R — — T — —
  5

G

C

G

M

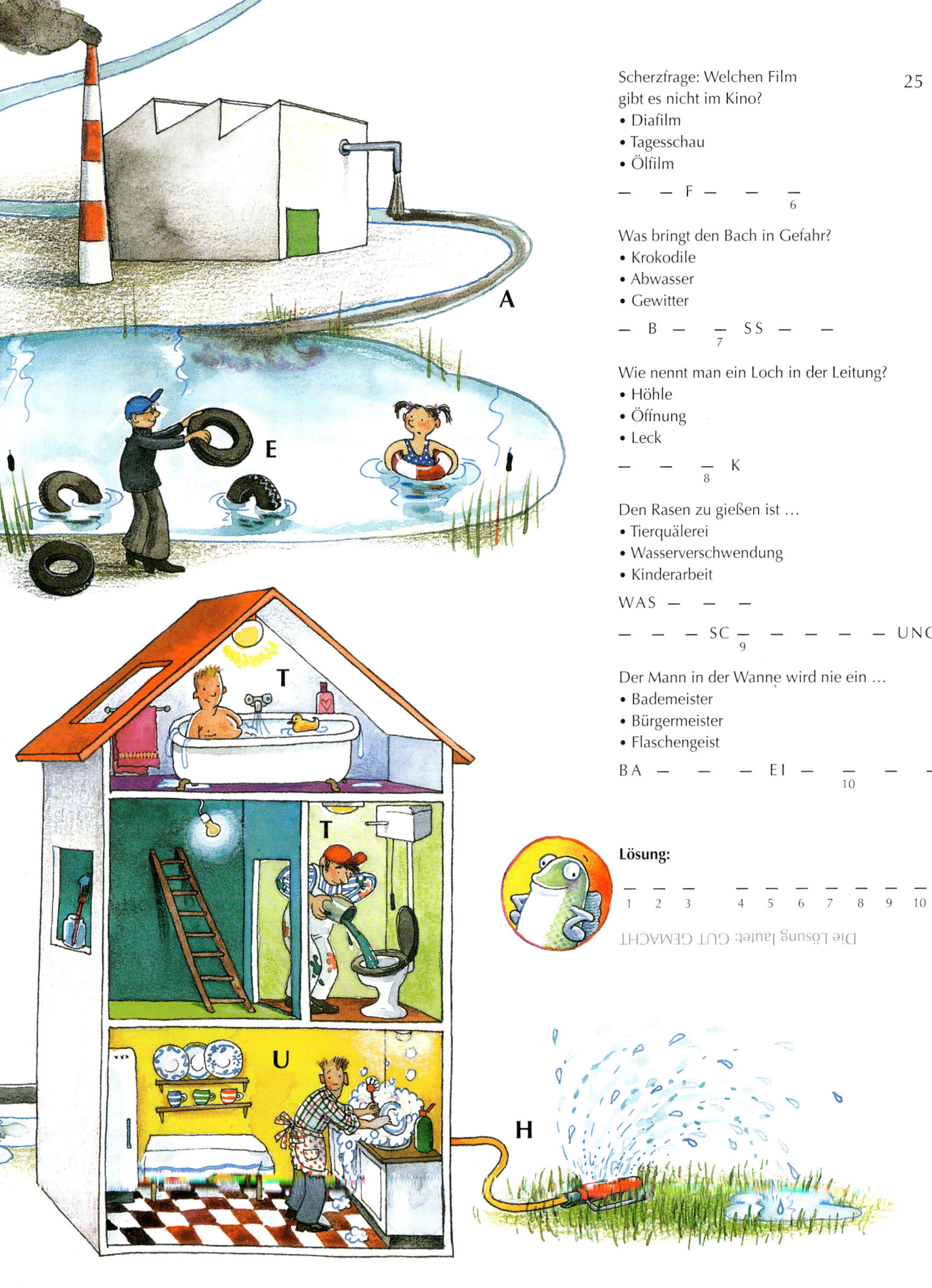

Scherzfrage: Welchen Film
gibt es nicht im Kino?
• Diafilm
• Tagesschau
• Ölfilm

— — F — — —
                6

Was bringt den Bach in Gefahr?
• Krokodile
• Abwasser
• Gewitter

— B — — S S — —
        7

Wie nennt man ein Loch in der Leitung?
• Höhle
• Öffnung
• Leck

— — — K
        8

Den Rasen zu gießen ist …
• Tierquälerei
• Wasserverschwendung
• Kinderarbeit

W A S — — —

— — — S C — — — — — U N G
              9

Der Mann in der Wanne wird nie ein …
• Bademeister
• Bürgermeister
• Flaschengeist

B A — — — E I — — — —
                    10

Lösung:

— — — — — — — — — —
1 2 3   4 5 6 7 8 9 10

Die Lösung lautet: GUT GEMACHT

Wasser ist wertvoll

Für fast alles, was wir herstellen, wird Wasser benötigt. Dieses Wasser läuft nicht bei uns zu Hause aus dem Wasserhahn, sondern wird in Fabriken verbraucht. Um einen Liter Benzin zu produzieren, sind 50 Liter Wasser nötig. Für ein Kilo Eisen sind es 100 Liter und für ein Auto 300 000 Liter Wasser.

Rechnet man diese Wassermengen und das Wasser, das wir täglich im Haushalt benutzen, zusammen, kommt man auf eine Summe von 1200 Litern Wasser pro Mensch und Tag!
Für die Stromerzeugung braucht man noch mehr Wasser: Millionen von Litern werden täglich in die Kühltürme der Kraftwerke gepumpt. Weil bei der Stromerzeugung zu viel Hitze entsteht, muss mit viel Wasser gekühlt werden, damit das Kraftwerk nicht »zu kochen« beginnt.
Wenn du also das Licht stundenlang brennen lässt, ohne dass jemand im Zimmer ist, verschwendest du gleichzeitig auch unnötig Wasser.

Schon gewusst?

So kannst du Wasser sparen:
• Spartaste in die Toilettenspülung einbauen.
• Duschen statt Baden oder die Wanne nicht ganz voll machen.
• Nur wirklich schmutzige Wäsche waschen.
• Im Sommer den Rasen nicht gießen.
• Beim Händewaschen und Zähneputzen das Wasser nicht endlos laufen lassen.

Wird unser Wasser sauer?

Abgase von Autos und Industrie steigen nach oben in die Luft. Aber sie verschwinden dort nicht, sondern kommen mit dem Regen wieder auf die Erde zurück. Obwohl das Regenwasser klar und sauber aussieht, ist es durch die Abgase verändert – das nennt man »sauren Regen«. Den meisten Pflanzen schadet das so stark, dass sie irgendwann absterben. Bestimmt hast du schon vom Waldsterben gehört. Das kommt vom sauren Regen.
In Seen und Flüssen sieht das Wasser zwar klar aus – doch können oft keine Fische mehr darin leben.

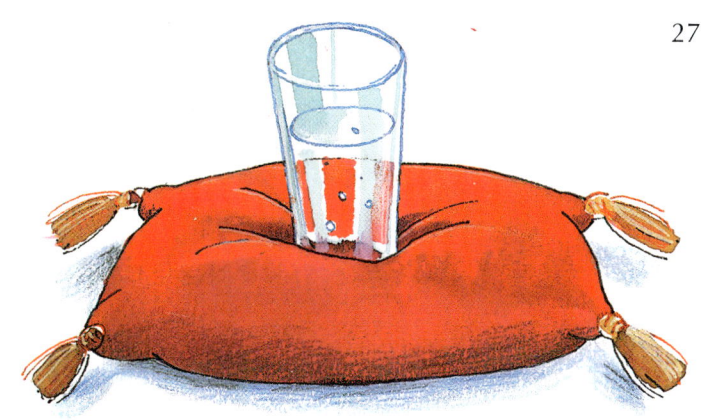

Wasser aus der Tiefe

Unser Mineralwasser ist besonders kostbar. Es kommt aus bis zu 1000 Meter tiefen unterirdischen Höhlen. Bis es so tief gesickert ist, können mehrere hundert Jahre vergangen sein. So weit unten in der Erde gibt es noch keine vom Menschen verursachten Schadstoffe. Mineralwasser ist deshalb ganz sauber. Davor war es einmal Regenwasser und ist vielleicht vor vielen Jahrhunderten jemandem wie Robin Hood oder Christoph Kolumbus auf den Kopf getropft.

Wasserrad bauen
Du brauchst:

- ein etwa 30 cm langes Vierkantholz, 25 mm dick
- vier Stücke Sperrholz je 20 cm lang, 5 cm breit, 6 mm dick
- acht bis zehn Nägel mit breitem Kopf, 2 cm lang
- zwei Nägel, 4,5 cm lang   • einen Hammer

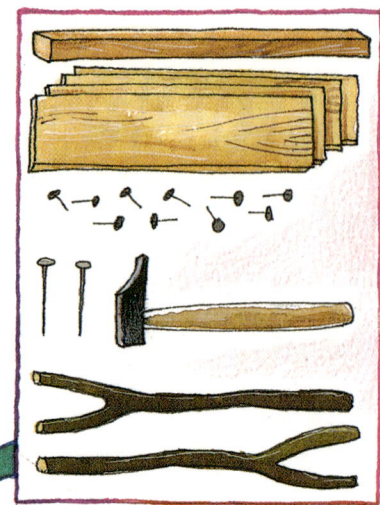

Zuerst nagelst du mit je zwei Nägeln (Breitkopf) auf jede Seite deines Vierkantholzes ein Sperrholzstück fest. Zum Schluss hämmerst du je einen langen Nagel ans Kopfende deines Wasserrades.

Am Bach musst du zwei Astgabeln suchen, in die du das Rad einhängst. Die Astgabeln steckst du rechts und links an den Bachrand. Und schon läuft dein Rad!

Wettspritzen
Du brauchst:

- mehrere Kerzen   • Spritzpistole

Wer es schafft, die brennende Kerze mit einem gezielten Strahl auszuspritzen (Hin- und herwackeln ist verboten!), hat gewonnen. Der Abstand zur Kerze sollte mindestens drei Meter betragen. Jeder Mitspieler hat drei Versuche.

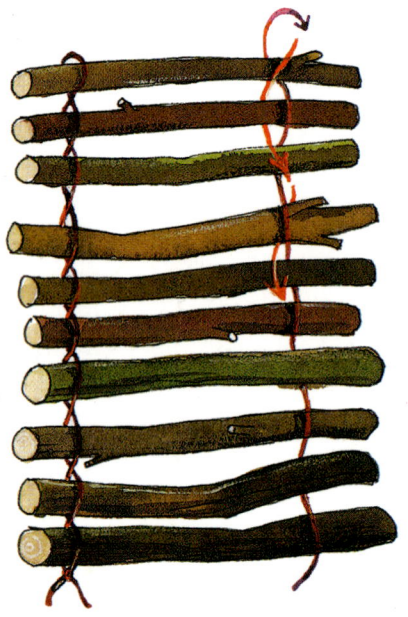

Floß bauen
Du brauchst:

- zehn etwa gleich lange Stöckchen
- zwei dünne lange Ästchen
- Kordel   • festes Papier

Lege die zehn Stöcke nebeneinander. Schlinge die Kordel wie in der Abbildung drumherum und verknote sie gut. Zum Schluss klemmst du zwei längere Äste als Masten zwischen die Stöcke. Schneide aus dem Papier ein passendes Segel und stecke es auf.

»Bock-Steh« im Badesee (für Kinder, die schwimmen können)

Es können sechs bis zehn und auch mehr Kinder mitspielen. Zwei oder drei Kinder sind die Fänger. Alle sollen im Wasser noch stehen können. Die Fänger jagen die anderen Kinder. Sobald sie »gefangen« sind, müssen sie stehen bleiben und die Hand hochstrecken.

Gefangene Kinder können befreit werden, wenn jemand durch ihre gegrätschten Beine taucht. Nach fünf Minuten werden neue, noch ausgeruhte Fänger ausgewählt.

Wasserrutsche
Du brauchst:
- eine dicke, feste Folie (am besten Baufolie); 5 m lang und 3 m breit
- Zeltheringe oder sehr große Nägel
- Gießkanne mit Wasser

Am besten funktioniert die Rutsche auf einer Wiese am Hang. Wenn du ein geeignetes Stück gefunden hast, entfernst du spitze Steine, grobe Grashalme und alle anderen harten Gegenstände.
Lege die Folie aus und befestige sie mit den Heringen. Klopfe sie mit einem Hammer vollständig in den Boden, damit sich niemand daran verletzt und achte darauf, dass am unteren Folien-Ende keine Hindernisse im Weg sind!
Gieße Wasser über die Folie und los geht's! Aber Vorsicht: Einer nach dem anderen rutschen und Abstand halten – du bekommst auf der nassen Folie viel Tempo.
Noch rasanter wird die Fahrt, wenn du ein klein wenig Schmierseife auf die Folie gibst. Aber gehe sparsam mit Wasser und Seife um.

Wasser wegzaubern

Mit dieser Wette kannst du deine Freunde verblüffen.
Probiere sie erst einmal für dich aus.

Du brauchst:
- Teelicht • Streichhölzer • Suppenteller, mit wenig Wasser gefüllt
- ein Wasserglas • ein 10-Cent Stück

Stelle den Suppenteller auf den Tisch und lege das Geldstück ins Wasser.
Das ist deine Wette: »Ich schaffe es, das Geldstück aus dem Teller zu nehmen, ohne dass meine Finger nass werden und ohne das Wasser auszugießen. Ich benutze dazu nur Teelicht, Streichhölzer und Wasserglas.«

So funktioniert es:
Stelle das Teelicht in den Suppenteller mit dem Wasser, zünde es an und stülpe das leere Wasserglas darüber.

Die Münze liegt außerhalb. Nach einer Weile erlischt die Flamme, das Wasser aus dem Teller ist jetzt unter dem Glas. Die Münze liegt im Trockenen.

Schon gewusst?
Die Flamme verbraucht Sauerstoff. Dadurch entsteht im Glas ein luftleerer Raum und das Wasser gluckert vom Teller in das Glas hinein.

Bootsregatta für zwei bis drei Kinder

Faltet aus gleich großen Stücken Alufolie für jedes Kind ein kleines Schiffchen. Füllt ein großes Backblech mit Wasser und setzt die Boote in einer Reihe an den Start. Jeder bekommt einen Strohhalm. Wer pustet sein Boot am schnellsten ins Ziel?

Münzen werfen für mehrere Kinder

Du brauchst:

- einen Eimer
- ein Glas
- einige 10-Centstücke oder andere Münzen

Füllt den Eimer mit Wasser auf. Stellt das Glas in die Mitte des Eimers auf den Boden. Ihr dürft direkt vor dem Eimer stehen. Nun versucht, die Münzen in das Glas fallen zu lassen. Wer die meisten Treffer hat, ist Sieger.

Schon gewusst?

Ihr werdet merken, dass die Münzen meistens am Glas vorbeischweben. Nur Geldstücke, die genau senkrecht hineingeworfen werden, gelangen ins Glas. Alle anderen werden vom Wasser weggedrückt.

Wasserblüte

Das ist eine schöne Geschenkidee, mit der du alle überraschen kannst: Schneide aus Papier einen Kreis aus. Falte ihn dreimal zusammen. Klappe ihn wieder auseinander und schneide ihn an den Faltstellen mit der Schere bis zur Hälfte ein. Auf die Innenseite kannst du ein Bild malen oder kleben. Oder du schreibst etwas Nettes hinein. Jetzt klappst du die Ecken wieder darüber, sodass nichts von deiner Zeichnung zu sehen ist. Wenn du magst, male das Papier auch von außen bunt an. Das Geschenk darf nur »ausgepackt« werden, indem man es aufs Wasser legt. Dann öffnet sich die Wasserblüte wie von Zauberhand.

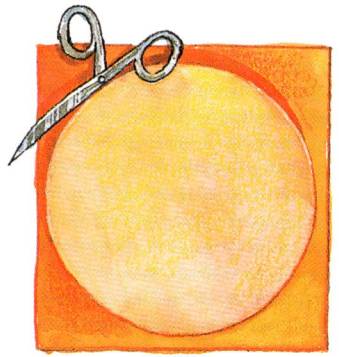

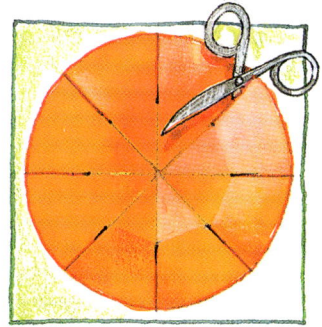

Wasserorgel

Du brauchst acht leere Glasflaschen. Fülle sie unterschiedlich hoch mit Wasser. Mit einem Esslöffel schlägst du an die Flaschen. Von jeder Flasche hörst du einen anderen Ton. Sortiere sie nach der Wassermenge. Jetzt kannst du deine eigene Wassermusik erfinden.